www.ingramcontent.com/pod-product-compliance
Lightning Source LLC
Chambersburg PA
CBHW070335190526
45169CB00005B/1910
9781535100779